Inhalt

Konfetti Karlo

- Im Heft findest du Tipps, die dir beim Lösen der Aufgaben helfen.
- Aufgepasst: Die Aufgaben mit einer sind etwas schwieriger.
- Lege die auf die roten Lösungsfelder, dann werden die richtigen Ergebnisse sichtbar.
- Für viele Aufgaben dieses Heftes gibt es nicht nur eine richtige Lösung. Manche Lösungen sind deshalb nur Vorschläge.
- Lege ein leeres Heft bereit, in das du deine Geschichten schreiben kannst.

So kannst du auch sagen:
Namenwort – Hauptwort, Nomen, Substantiv
Tunwort – Zeitwort, Verb
Wiewort – Eigenschaftswort, Adjektiv

Buchstaben- und Schreibrätsel

1 Leo trägt die Anfangsbuchstaben der Bilder in die gelben Kästchen ein. Hilf ihm dabei. Welches Wort kannst du lesen?

2 Immer zwei Bilder gehören zusammen und ergeben ein neues Wort. Verbinde die passenden Bilder. Schreibe die neuen Wörter auf. Das Beispiel hilft dir.

Hausschlüssel, ______________________

____

____

3 Denke dir ein zusammengesetztes Wort aus. Zeichne die passenden Bilder in die Kästchen.

__________ + __________ = __________

4 a) Welche Tiere haben sich in Leos Rätsel versteckt?
Male die Wörter mit einem bunten Stift an.

b) Ergänze das Rätsel mit deinen Lieblingswörtern.
Gib es jemandem zum Lösen.

STERNOLMONDFTR ______________________________

5 Wer verbirgt sich hinter diesen Rätseln?
Lies genau und schreibe die Lösung auf.

Ich bin grün,
hüpfe und
mache „Quak“.

____

Ich bin rosa,
wälze mich
im Schlamm
und grunze.

____

6 Denke dir ein ähnliches Tierrätsel aus.
Können deine Eltern das Rätsel lösen?

____

____

____

Schreibanregungen

1. Anna verziert mit ihren Buntstiften die Großbuchstaben. Nimm deine Stifte und mach mit.

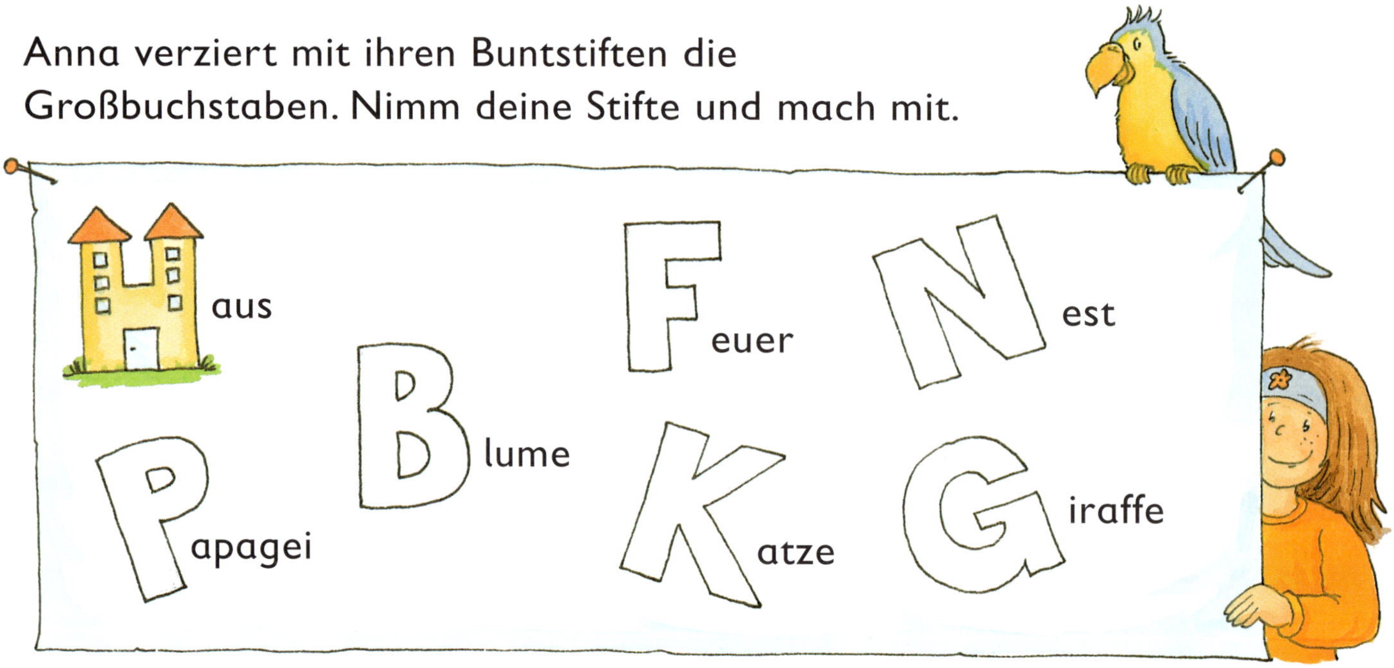

2. Mit Wörtern lassen sich tolle Bilder malen. Ergänzt du sie? Anna hat es schon vorgemacht.

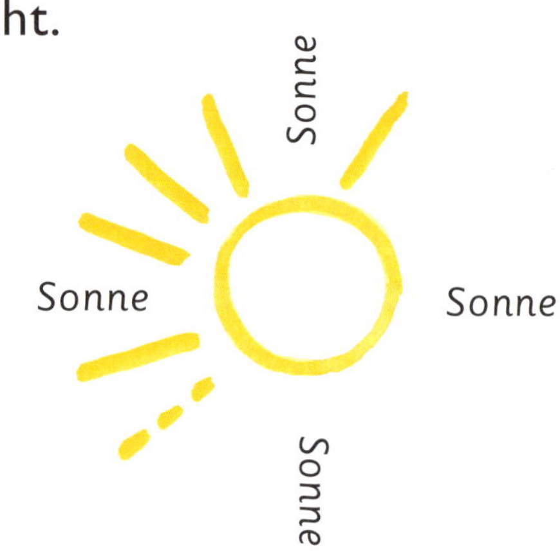

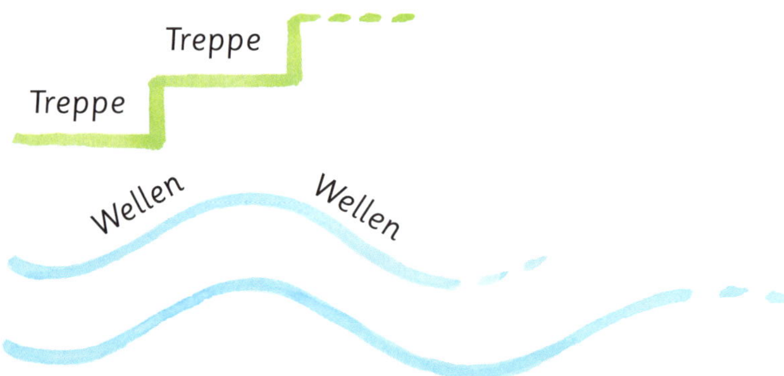

3. Fällt dir zu drei der Wörter ein passendes Bild ein? Male deine Wörterbilder auf ein extra Blatt Papier.

Eis, Schlange, Tasse, Mond, Sturm, Tisch, Blume

4 Jedes neue Wort fängt mit dem letzten Buchstaben des vorherigen Wortes an. Setze die Wörter auf den Steinen fort.

5 Anna hat sich zu jedem Buchstaben des roten Wortes ein neues Wort überlegt. Versuche du es mit dem grünen Wort.

Sonne		F	______________
Obstsalat		E	______________
Muschel		R	______________
Meer		I	______________
Erdbeere		E	______________
Regen		N	______________

6 Anna überlegt sich zu den Buchstaben Sätze. Schreibst du ihre Geschichte fertig?

Eine kleine Ente watschelt zum Meer. ______________

Neugierig ______________

T ______________

E ______________

Einen Einkaufszettel schreiben

1 Karlo und Konfetti sind im Supermarkt. Was kaufen die beiden ein? Finde zu jedem Korb die passende Überschrift.

________________ ________________

2 Hat Karlo im Supermarkt auch nichts vergessen? Hake die Dinge im Einkaufswagen auf der Liste ab. Male die fehlenden Dinge in den Einkaufswagen.

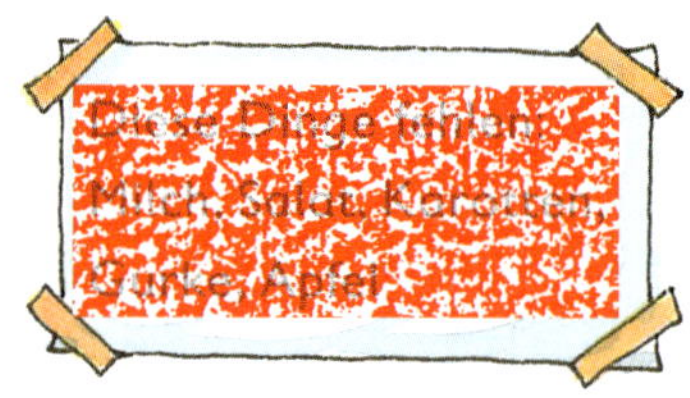

☐	Milch	☐	Karotten
☐	Salat	☐	Bananen
☐	Brot	☐	Gurke
☐	Wurst	☐	Käse
☐	Tomate	☐	Apfel

3 Zu Hause sortiert Karlo seine Einkäufe. Was passt nicht dazu? Kreise diese Wörter ein.

a) Apfel	Kiwi	Banane	Tomate
b) Füller	Bleistift	Filzstift	Zwiebel
c) Reis	Milch	Spaghetti	Kartoffeln

4 Zu Hause belegt Karlo Brötchen mit Gemüse.
Lies das Rezept durch. Unterstreiche die Zutaten.

Rezept für ein buntes Gemüsegesicht

Schneide das Vollkornbrötchen in zwei Hälften.
Schneide auch das Gemüse in kleine Stücke.
Belege nun jeweils eine Brötchenhälfte als Gesicht:
Für die Augen brauchst du Radieschen.
Ein Gurkenstückchen ist die Nase.
Den Mund kannst du aus Karottenstückchen legen.
Zwei Tomatenscheiben stellen die Ohren dar.
Verziere das Gemüsegesicht zum Schluss mit
Haaren aus Petersilie.

Guten Appetit!

5 Welche Zutaten musst du für das Gemüsegesicht einkaufen? Schreibe sie auf die Linien.

____

____

____

6 Hast du Lust, ein Obstgesicht zu legen?
Welche Früchte brauchst du dafür?
Schreibe einen Einkaufszettel in dein Heft.

Bildergeschichten

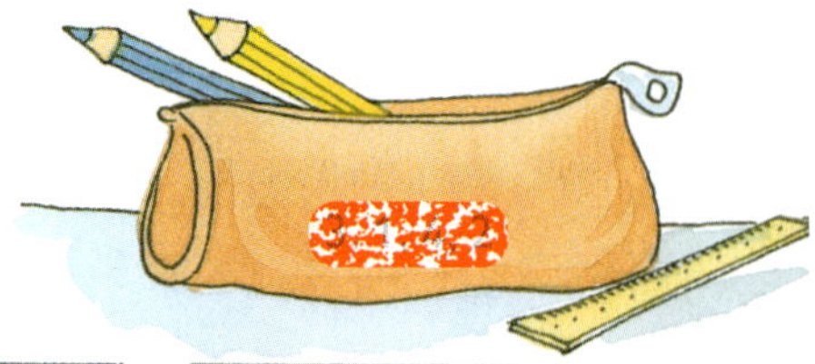

1 Lisa hat eine Bildergeschichte gemalt.
Bringe die Bilder der Geschichte in die richtige Reihenfolge und nummeriere sie von 1 bis 4.

Tipp Bilder erzählen dir Geschichten.
Schau dir die Bilder dazu genau an.
Überlege, was nacheinander passiert.
Mit welchem Bild endet die Geschichte?

2 Schau dir die Bilder genau an.
Welche Wörter passen dazu? Unterstreiche sie.

Kaktus, Koffer, Luftballon, Bett, Topf,
Balkon, Hund, Schleife, Luftmatratze

3 Wie könnte die Geschichte enden?
Male ein passendes Schlussbild.

4 Erzähle, was du auf den Bildern in Aufgabe 2 siehst.
Die unterstrichenen Wörter können dir dabei helfen.
Gib dem Jungen in der Geschichte einen Namen.

5 **a)** Immer zwei Textstreifen passen zu einem Bild.
Male sie in der gleichen Farbe an. Schreibe dann vor jeden Streifen die passende Bildnummer.

- [ ] dass die zwei Kinder endlich nach Hause gehen.
- [ ] Jetzt aber schnell! Nichts wie los
- [ ] Mit der großen Nase sieht er sehr schön aus.
- [ ] und die leckere Nase des Schneemanns holen.
- [ ] Die Hasen warten in ihrem Versteck schon darauf,
- [ ] was für eine sonderbare Nase ihr Schneemann hat.
- [ ] Am anderen Tag wundern sich Lena und Tim,
- [1] Lena und Tim haben einen Schneemann gebaut.

b) Lies die Geschichte laut und betont vor.
Achte dabei auf die Reihenfolge des Textes.

Stichwörter sammeln

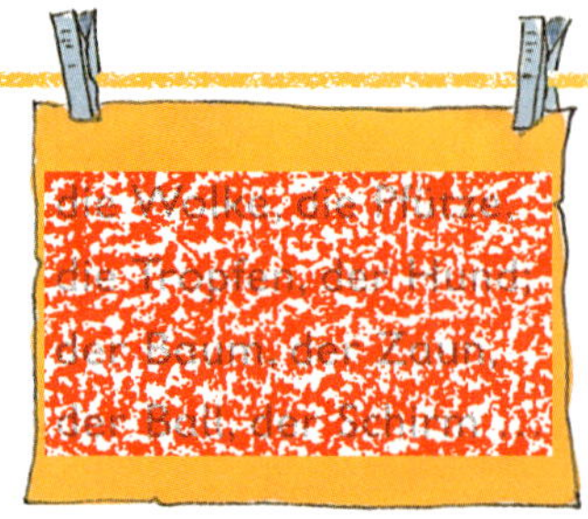

1 Schau dir das Bild genau an. Was siehst du? Fahre die passenden Wörter auf dem Rahmen farbig nach. Fallen dir noch mehr Wörter ein?

2 Was machen die Kinder? Schau genau. Schreibe passende Tunwörter auf.

3 Karlo hat Wörter zum Bild gesammelt.
Kannst du die Liste ergänzen? Der Tipp hilft dir.

Tipp Möchtest du kleine Geschichten schreiben? Dann hilft es dir, wenn du zuerst Wörter sammelst. Überlege dir, was du zu einem Bild sehen, hören oder riechen kannst.

4 a) Schließe deine Augen und stelle dir vor, du bist an einem See. Was kannst du sehen und hören? Schreibe passende Wörter auf die Seerosen.

b) Denke dir nun eine Geschichte am See aus.
Die Wörter, die du gesammelt hast, helfen dir.

Sätze werden zu Geschichten

1 Tine und Basti machen einen Ausflug in den Zoo. Was erleben die beiden? Ordne die Wörter zu Sätzen und schreibe sie auf die Linien.

a) Das | Tine und Basti. | sind

b) gehen | in den Zoo. | Sie

c) Lieblingstiere. | sind | Bastis | Die Löwen

d) gern. | Tine | die Affen | mag | besonders

Das ____________________

____

____

____

2 Am Ende der Sätze fehlen Wörter. Ergänze sie. Das Bild oben hilft dir dabei.

a) Basti fotografiert ____________________.

b) Der Affe knabbert ____________________.

c) Die Affenkinder spielen ____________________.

3 Was die Zootiere können, können die Kinder auch. Schreibe passende Sätze auf. Verwende dabei die Wörter unter den Bildern. Das Beispiel hilft dir.

schwimmen, schnell

Die Robbe kann schnell schwimmen.

Die Kinder können

klettern, gut

hüpfen, weit

4 Was machen die Tiere? Schau dir die Bilder genau an und schreibe jeweils einen passenden Satz in dein Heft.

Wortfelder

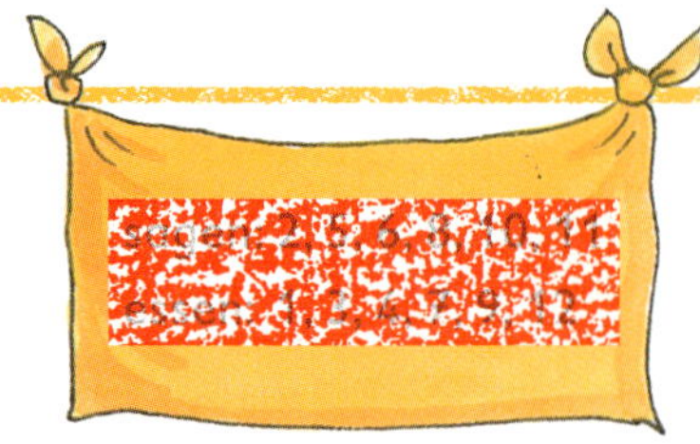

1 Lars ordnet die Wortkärtchen den Tunwörtern sagen und essen zu. Hilfst du ihm dabei?
Male die Kärtchen jeweils in der richtigen Farbe an.

Tipp Zu einem Wortfeld gehören Wörter mit ähnlicher Bedeutung. Mit ihnen kannst du dich genauer und abwechslungsreich ausdrücken.

2 Unterstreiche, was die Fahrzeuge tun.
Zu welchem Wortfeld passen die Tunwörter?
Ordne die Satzteile. Schreibe sie in dein Heft.

a) Das Motorrad | rollt | um die Ecke.
b) Der Roller | rast | den Berg hinab.
c) Das Rennauto | rattert | über die Straße.
d) Der Traktor | saust | über das Feld.

3 Was kann Tom mit seinem Gipsfuß nicht tun?
Schreibe Wörter zum Wortfeld *gehen* auf.
Mache dann die einzelnen Bewegungen vor.

rennen, ______________________________

____

____

4 Welche Gehweise passt zu welchem Tier?
Verbinde. Kannst du die Tiere nachmachen?

a) hoppeln

b) trampeln

c) hüpfen

d) watscheln

e) stolzieren

5 Wie gehen die Kinder? Schreibe so in dein Heft:
Sina hoppelt wie ein Hase.

a) 

stolziert

b) 

watschelt

c) 

hüpft

d) 

trampelt

Geschichten schreiben

1 a) Schau dir Clown Ricardo genau an. Beschreibe ihn und seine Kleidung mit passenden Wiewörtern.

_______________ Nase

_______________ Hose

_______________ Hut

_______________ Schuhe

b) Beschreibe Ricardo in ganzen Sätzen im Heft. Die Wörter in Aufgabe a) und das Beispiel helfen dir.

Ricardos Nase ist rot und dick.

2 Was könnte Clown Ricardo zu den Kindern sagen, wenn er sie im Zirkus begrüßt? Schreibe auf.

3 Lies dir den Anfang der Geschichte durch.
Wie könnte die Geschichte weitergehen?
Schreibe deine Ideen in Stichwörtern auf.

Fröhlich begrüßt Clown Ricardo die Kinder im Zirkus. Dann holt er ein Kind in die Manege. Mit ihm möchte er seinen Blumentrick zeigen. Er greift in die Tasche. Doch was ist das?

4 Welche Überschrift passt zu deiner Geschichte?
Kreuze an. Fällt dir eine eigene Überschrift ein?

☐ Ein Tag im Zirkus ☐ Alles lacht

5 Schreibe die Fortsetzung der Geschichte ins Heft.
Deine Stichwörter und der Tipp helfen dir.

Tipp So schreibst du spannende Geschichten:

1. Benutze unterschiedliche Wiewörter.
   Sie helfen dir Dinge genau zu beschreiben.
2. Lass die Personen sprechen.
   Überlege auch, was sie denken und fühlen.
3. Verwende unterschiedliche Tunwörter.

Eine Einladung schreiben

1 Laura lädt zu einem besonderen Fest ein.
Ergänze die Lücken auf der Einladung.
Die Wörter rechts und der Tipp helfen dir.

_______________________,

ich lade dich herzlich ein.

Ich feiere am _______________________

in _______________________ . Das Fest

beginnt _______________________ .

Viele Grüße, _______________________

Tipp Darauf musst du bei einer Einladung achten:

1. An wen geht die Einladung?
2. Was wird gefeiert?
3. Wann wird gefeiert?
4. Wo wird gefeiert?
5. Wer lädt ein?

2 Lies dir Lauras Einladung noch einmal durch.
Beantworte nun die Fragen im Tipp.
Welche Frage hat Laura vergessen?
Kannst du sie trotzdem beantworten?

1. _______________________
2. _______________________
3. _______________________
4. _______________________
5. _______________________

3 Lauras Familie hat eine Einladung bekommen.
Doch Konfetti hat sie in kleine Stücke zerrissen.

Bringt viel Hunger

und gute Laune mit.

Eure Familie Berger

um 17 Uhr.

zu unserem Gartenfest ein.

Das Fest beginnt

am 1. Juni

wir laden euch

Liebe Familie Maier,

Bringe die Satzteile in die richtige Reihenfolge.
Schreibe dann den Einladungstext auf.

4 Zu welcher Feier möchtest du gerne einladen?
Wie könnte deine Einladung dafür aussehen?
Schreibe und gestalte eine Einladungskarte.

Elfchen schreiben

1 Jakob schreibt im Freien ein Elfchen.

Nass
Der Regen
Regenschirme werden aufgespannt.
Wir springen in Regenpfützen.
Juchu!

Aus wie vielen Wörtern besteht dieses Gedicht?
Weißt du, warum es Elfchen heißt?

____

____

2 Schreibe mit den Wortbausteinen ein Elfchen.
Achte auf die Anzahl der Wörter in jeder Zeile.

zwitschern die Vögel. | Im Frühling | Bunt | Toll! | Blumen blühen im Garten.

1 ______________________________

2 ______________________________

3 ______________________________

4 ______________________________

1 ______________________________

3 Schreibe nun dein eigenes Blumenelfchen.
Die Wörter auf der Wiese können dir helfen.
Verziere anschließend das Schmuckblatt.

1 ______________________________

2 ______________________________

3 ______________________________

4 ______________________________

1 ______________________________

Blumen blühen Strauß
wundervoll wachsen
gelb rot
Wiese pflücken schön

4 a) Überlege dir Wörter, die zum Wasser passen.

____

____

b) Schreibe dein eigenes Wasserelfchen auf ein Blatt Papier und male es schön an.

Ein Rezept schreiben

1 Vera möchte einen Obstsalat zubereiten.
Welche Zutaten braucht sie dafür?
Schreibe die Anzahl der Früchte auf.

drei ______________________

____

____

____

____

____

2 Was macht Vera der Reihe nach? Schau dir die Bilder genau an und nummeriere sie von 2–6.
Schreibe unter jedes Bild ein passendes Tunwort.

bereitlegen ______________ ______________ ______________

______________ ______________ ______________

Hast du Lust, das Rezept selbst auszuprobieren?

3 Schreibe zu jedem Bild in Aufgabe 2 einen Satz.
Achte dabei auf die richtige Reihenfolge.
Deine Wörter und der Tipp helfen dir.

Tipp Überlege dir beim Schreiben des Rezepts, was du nacheinander machst. Die Wörter zuerst, dann, danach, nun, anschließend, zuletzt helfen dir.

1. *Lege dir zuerst alle Dinge bereit, die du brauchst:*
die Früchte, ______________________________

____

2. ______________________________

3. ______________________________

4. ______________________________

5. ______________________________

6. ______________________________

Guten Appetit!

4 Wie bereitest du einen bunten Salat zu?
Schreibe ein Rezept in dein Heft.

Eine Postkarte schreiben

1 Sven schreibt seinem Freund Nils eine Postkarte.
Kannst du die fehlenden Wörter im Text ergänzen?
Die Bilder und der Tipp helfen dir dabei.

______________________!

Hier im Zoo gibt es viele

 ____________________

und  ____________________.

Stell dir vor, ein 

____________ *hat mir vorher* ____________________

meine  ____________________ ____________________

aus der  ________ *geklaut.* ____________________

____

Tipp Denke beim Schreiben einer Postkarte an folgende Punkte:

1. Begrüßt du freundlich?
2. Von wo schreibst du?
3. Hast du die Karte nett unterschrieben?
4. Ist die Adresse vollständig?

2 Trage nun die Adresse auf der Postkarte ein.
Tipp: Die Wörter sind rückwärts geschrieben.

sliN redeimhcS
3 essagrehcsiF
71197 grubierF

3 Auch Sven erhält von Nils eine lustige Postkarte.
Weißt du, aus welchem Land sie kommt?
Lies die Karte genau und löse das Rätsel.

4 Karlo möchte seinem Freund Peter eine Karte
aus dem Urlaub schreiben. Hilfst du ihm dabei?
Wähle zwei Bilder aus und schreibe dazu
einen passenden Postkartentext in dein Heft.

5 Suche ein schönes Bild von dir aus und beklebe
die Rückseite des Fotos mit weißem Papier.
Jetzt kannst du jemandem eine Postkarte schreiben.
Vergiss die Adresse und die Briefmarke nicht.

Wegbeschreibung

1 Pit träumt in der Nacht von einer Flaschenpost. Welche geheime Botschaft enthält sie?
Tipp: Jede Zahl steht für einen Buchstaben.

16 = P	6 = F
19 = S	26 = Z
12 = L	21 = U
1 = A	20 = T
18 = R	9 = I
14 = N	5 = E

12	1	21	6	5

26	21	18

16	9	18	1	20	5	14	9	14	19	5	12

.

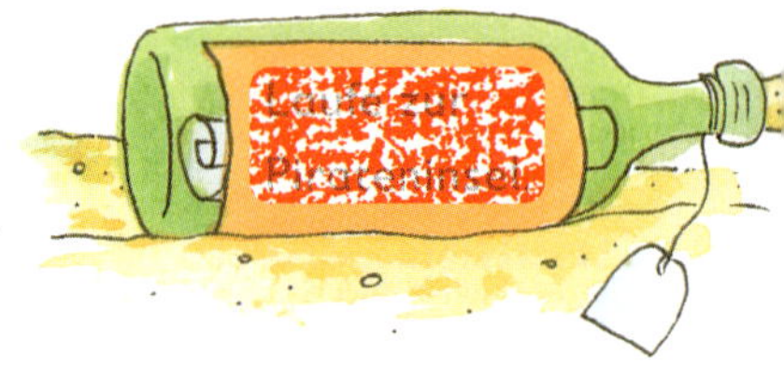

2 Auf dem Weg zur Pirateninsel verirrt sich Pit. Welcher Weg durch den Wald führt zum See? Fahre den kürzesten Weg nach. Beschreibe ihn dann in deinem Heft. Achte auf den Tipp.

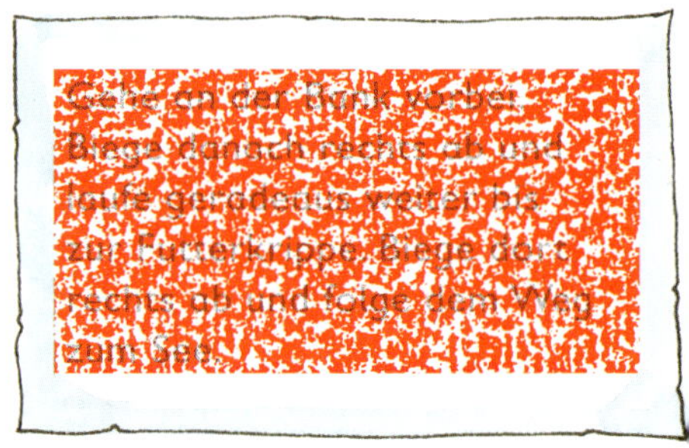

Tipp Eine Wegbeschreibung muss genau sein: Beschreibe wichtige Stellen, die auf dem Weg liegen, z. B. eine breite Straße. Verwende Begriffe wie rechts, links oder geradeaus.

3 Schau dir die Schatzkarte genau an und beschreibe Pit den Weg zum Schatz. Achte auf die Bilder neben den Schreiblinien.

 1. Zuerst gehst du von der Palme zur Brücke. 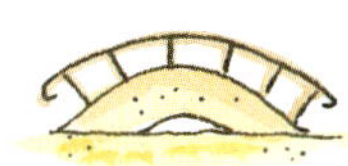

 Jetzt ______________________________

______________________________ 

 2. ______________________________

______________________________ 

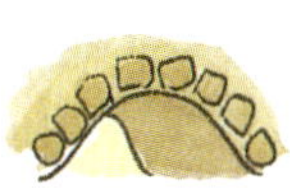 3. ______________________________

______________________________ 

Wenn du dem Vogel den Wunsch laut vorliest, geht er in Erfüllung.

ICHWÜNSCHEMIRDASSDU
MICHZUMSCHATZFLIEGST.

Wiederholung

1 Jedes neue Wort fängt mit dem letzten Buchstaben des vorherigen Wortes an. Setze die Wörter auf den Stufen fort.

2 Schreibe zu jedem Bild einen passenden Satz. Wie könnte die Geschichte weitergehen? Male das fehlende Bild und ergänze einen Satz.

3 Schau dir das Bild rechts genau an. Finde zu den beiden Figuren jeweils drei treffende Wiewörter und schreibe sie auf.

4 Lies den Text. Was fällt dir daran auf?
Überarbeite den Text in deinem Heft.
Die Wörter auf dem Spiegel helfen dir.

Ich muss jeden Morgen früh aufstehen.
Dann wasche ich mir mein Gesicht. Dann ziehe ich mich an. Dann frühstücke ich. Dann putze ich die Zähne. Dann gehe ich zur Schule.

5 Welche anderen Wörter für *sagen* kannst du verwenden? Benutze die Wörter an der Tafel.

Eva stößt mit Marius zusammen.

Marius __________: „Pass doch auf!“

Eva __________: „Ich wollte das nicht.“

Marius __________: „Das macht nichts.“

Eva __________: „Tut dir etwas weh?“

Marius __________: „Nein, alles in Ordnung.“

6 Welches Tunwort passt jeweils? Kreise es ein.
Überlege dir dann für die Geschichte ein mögliches Ende und schreibe es auf.

Uta schaut/blinzelt aus dem Fenster.
Plötzlich zwinkert/entdeckt sie eine Katze.
Uta besichtigt/beobachtet das Tier eine Weile.
Die Katze starrt/sieht einen Vogel an.
Der Vogel blickt/beobachtet aufgeregt.

Erzähl- und Schreibspiele

Auf dieser Doppelseite findest du viele Spiele, die du alleine oder zu zweit spielen kannst. Nebenbei übst du dich darin, Geschichten zu erfinden und aufzuschreiben. Viel Spaß!

Zu Bildern erzählen

Suche verschiedene Bilder (Zeitung, Postkarten …). Lege sie verdeckt vor dich hin. Decke nun ein Bild auf und denke dir dazu eine Geschichte aus. Schwieriger wird es, wenn du noch ein zweites Bild aufdeckst und es in deine Erzählung mit einbindest.

Wege beschreiben (Partnerspiel)

Versuche, deinem Partner einen Weg genau zu beschreiben, zum Beispiel von deinem Zimmer zur Haustür, von der Küche zum Bad. Dein Partner folgt der Wegbeschreibung. Wo kommt er an?

Wörter sammeln (Partnerspiel)

Dein Partner nennt dir ein Thema, zum Beispiel Schule, Tiere, Wald, Meer, Familie, Spielzeug … Schreibe nun alle Wörter auf, die dir dazu einfallen. Du hast zwei Minuten Zeit. Tauscht dann die Rollen. Wer findet mehr Wörter: dein Partner oder du?

Lustige Sätze bilden

Lege Memory®-Karten verdeckt vor dich hin. Decke nun drei Karten auf. Bilde einen Satz, in dem alle drei Wörter vorkommen und schreibe ihn auf. Schwieriger wird es, wenn du fünf Karten auswählst und mit ihnen eine Geschichte erfindest.

Wer? Wann? Wo? Wie? Was? (Partnerspiel)

Beantwortet in einer Tabelle die oben stehenden Fragen. Tauscht die Tabellen anschließend aus. Erfindet nun eine Geschichte zu den Vorgaben. Schreibt sie auf und lest sie euch gegenseitig vor.

Wer?	Wann?	Wo?	Wie?	Was?
Ein Räuber	gestern	in der Schule	müde	Bilder malen

Eigene Geschichten schreiben

Wähle drei Gegenstände aus deinem Zimmer. Schreibe eine kleine, lustige Geschichte. Alle Gegenstände müssen darin vorkommen. Kannst du die Geschichte auch so schreiben, dass sie spannend, traurig oder gruselig wird?

Geschichten weiterschreiben (Partnerspiel)

Bitte deinen Partner, den Anfang einer Geschichte vorzulesen. Wie könnte sie wohl weitergehen? Schreibe die Geschichte zu Ende.

Knack den Code

Auf jeder Doppelseite findest du eine kleine braune Lupe. Darin steht jeweils eine Zahl.

- Schreibe die Zahlen nacheinander auf die Linien.
- Ersetze sie dann durch die Buchstaben, die auf dem Zettel versteckt sind: zum Beispiel 11 durch den Buchstaben B.
- Trage jeweils den passenden Buchstaben unter der Zahl ein. Wie heißt der Lösungssatz?

CODE

21 =		13 =	
4 =		19 =	
11 =		7 =	
28 =		12 =	
3 =		17 =	
16 =		5 =	

___ ___ ___ ___ 17 ___ ___ ___ ,

7 ___ ___ 3 5 ___ ___ ___ 19 ___ ___ !

Code geknackt:

Fingerabdruck

____
Datum

____
Mein Detektivname

____
Unterschrift